A Kalmus Classic Edition

Claude
DEBUSSY

JARDINS SOUS LA PLUIE

(Gardens in the Rain)

from "Estampes"

FOR PIANO

K 03380

JARDINS SOUS LA PLUIE

Claude Debussy

CPP/BELWIN, INC., Miami, FL 33014
Printed in U.S.A.

poco cresc.
molto cresc.
f
dim. molto
pp

5
f subito
dim . . . . . molto . . . . .
p
p
p
p
p
p
f
cresc . . . . .
3380

dim.
ff
p dim. pp
p
p
Animez et augmentez peu à peu
p

p
3 3 3 3
f
f
En se calmant
dim.
p

1º Tempo (moins rigoureux)
pp
3
3
3
3
p doucement expressif
Retenu
mf
dim.

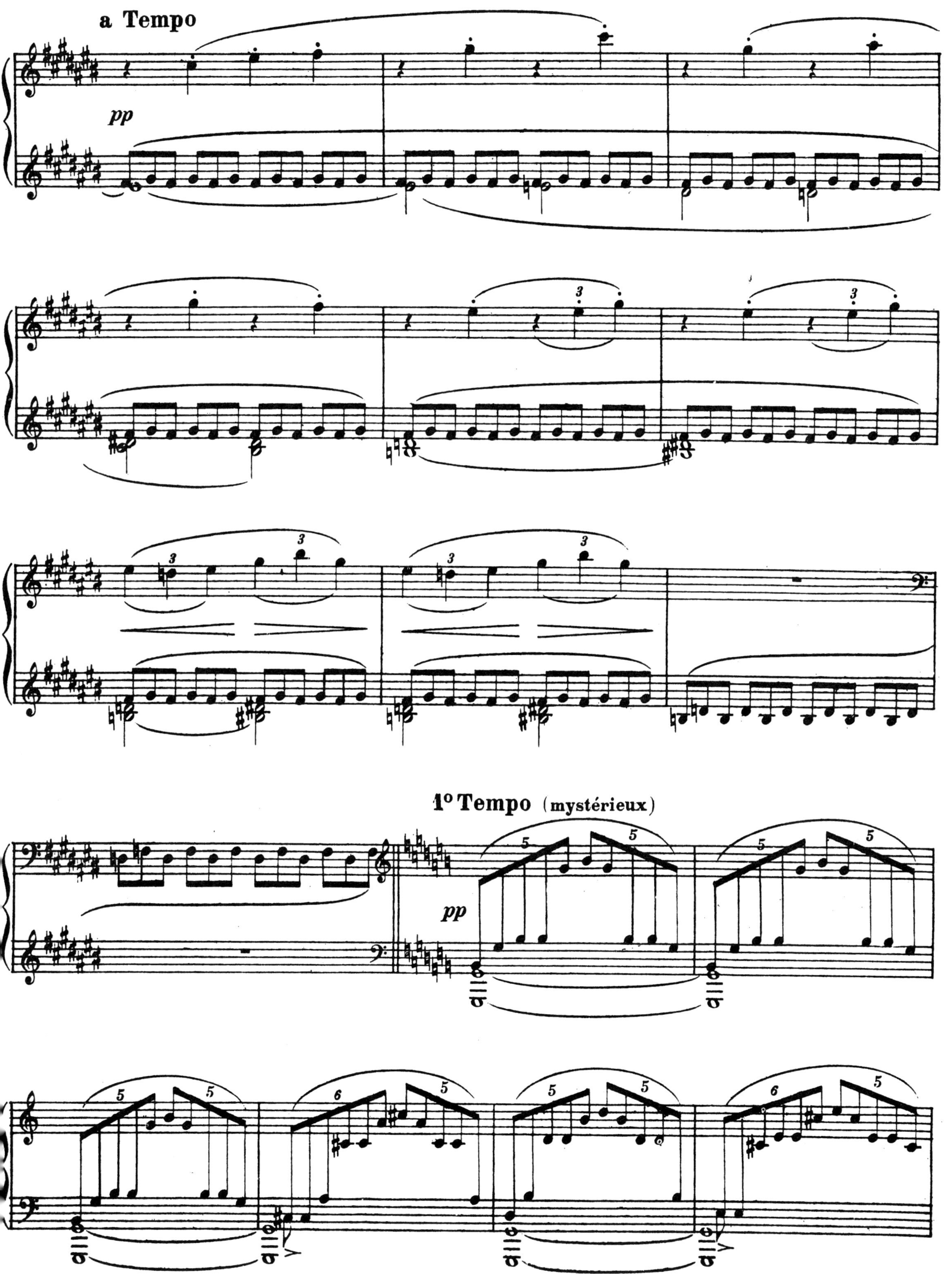
a Tempo
pp
3
3
3
3
3
3
1º Tempo (mystérieux)
pp
5
5
5
5
5
5
5
6
5
5
5
6
5

cresc. - - - molto
la m.g. en dehors
f
Rapide
f
Retenu - - - -
p
più p
pp
dim. - - - - -

Tempo – en animant jusqu'à la fin

scherzando
mf
dim.
p
mf
cresc.
molto cresc.
f
ff
ff
Ped.
3
8